Grand-maman raconte

Texte de
Diane Freynet Therrien

Illustrations
d'Alexis Flower

Petit chat noir

Ne pleurniche pas, petit chat noir
Agriffé à l'arbre de poires
On crie : « Venez au secours! »
Pour que les pompiers accourent

Ma mignonne môminette

Ma mignonne môminette
Lève-toi vite de ta couchette
Va-t'en mettre tes salopettes
On va faire quelques emplettes

Salade de fruits

Des oranges, des bananes, des pommes, des pommes
Des oranges, des bananes, des pommes, des pommes
C'est ça qu'il nous faut, petit bonhomme
C'est ça qu'il nous faut pour une salade de fruits
Viens te régaler avec tes petits amis!

Chien et chat

Chien, chien, chien
Veux-tu jouer avec moi?
« Ah, bien oui, quand ça te le dira. »
Chat, chat, chat
Veux-tu jouer avec moi?
« Je jouerai quand ça *me* plaira! »

L'écureuil

L'écureuil travaille toujours
Il court, il court, il court
Dans l'arbre il saute avec élan
Dans la bouche il a des glands
Qu'il enfouit dans une petite cache...
Il sort, s'assoit, queue en panache

Vache bleue, verte ou rousse

Je ne veux pas d'une vache bleue
Ça, c'est bien trop ennuyeux
Je ne veux pas d'une vache verte
Elle serait trop maigrelette
Le lait d'une grosse vache rousse
Vrai régal pour mes petits mousses

Le bébé chien Mollie

Le bébé chien Mollie
A fait pipi sur le tapis
On a un chiot Taco
Qui fait pipi dans le pot
La vieille chatte Choupette
Fait pipi dans la toilette

Sautons dans les Feuilles

Sautons dans les feuilles
Qui sont mises dans un tas
Sautons dans les feuilles
Papa ne nous voit pas
Sautons dans les feuilles
Plongeons dans cet amas
De jaune, de rouge vermeil
Ce mont maintenant à plat
Ahhh! Papa et sa corbeille!
On est dans de beaux draps!

Chez madame Bertha

Chez madame Bertha
Des chats, des chats
Y'en a, y'en a
Quinze, vingt, trente, on ne le sait pas
En veux-tu? Eh bien, en voilà!
Mais madame Bertha
Qui est folle des chats
Ne t'en donnera pas!

Martin a un chaton

Martin a un chaton
Qui fait ronronron
Élie a un cochon
Qui fait grongrongron
Et moi, j'ai un poisson
Pas plus gros que deux taons
Il ne fait pas un son
Il a l'air un peu con
Avec son œil dans le front

Mes souliers de bœuf

Meuh, meuh, meuh
Mes souliers de bœuf
Font de gros yeux
À ce vieux monsieur
Meuh, meuh, meuh
Mes souliers de bœuf
Font la grimace
À cette grosse limace

La mouche folle

La mouche folle vire et vole
Elle amerrit dans mon bol
Monte en mini chaloupe
Elle fait signe à son groupe
Qui nage dans ma soucoupe
Maintenant toute la troupe
Se promène dans ma soupe

La grenouille et le crapaud

La grenouille et le crapaud
Montent sur un échafaud
Pied par pied, pouce par pouce
Elle crie : « Je suis la plus douce! »
« Je suis vraiment beau et gros! »,
Hurle le pédant crapaud
À pleins poumons en se gonflant…
Vient un violent coup de vent
Qui, subitement, fait chuter
Et brutalement dégonfler
Ces amphibiens arrogants!
Voilà un dur châtiment!

Mon âne Hercule

Mon âne Hercule
Tu as l'air ridicule
En tirant ce véhicule
Recule, tête de mule!
Sinon, on bascule!

Xénon et Walon

Xénon et Walon
Sont les deux moutons
De mon vieux tonton.
Pourquoi mon tonton
A ces deux moutons?
C'est pour faire des chaussons
En chaud molleton

ISBN 978-2-89611-295-1

Plaines Éducation reconnait l'aide financière du ministère du Patrimoine canadien (PADIÉ) et du ministère de la Culture, Patrimoine et Tourisme du Manitoba, pour leurs activités d'édition.

Plaines Éducation
C.P. 123 Saint-Boniface (Manitoba) Canada R2H 3B4
Tél. : 204 235 0078 • admin@plaines.mb.ca • www.plaines.ca

Mise en page : Joël Balcaen • Alexis Flower

Révision éditoriale : Pierrette Blais • Lynne Therrien

Édition : Joanne Therrien • Estée Sabourin

Dépôt légal, 2012 :
Bibliothèque nationale du Canada, Bibliothèque nationale du Québec, Bibliothèque provinciale du Manitoba.

16093719R00019

Made in the USA
Charleston, SC
04 December 2012